7
LK 4082.

LE
CHEMIN DE FER
A LIMOGES.

Propriété des Editeurs.

16 JUIN 1856.

LE
CHEMIN DE FER
A LIMOGES

1° HISTORIQUE. — 2° LE JOUR DE L'INAUGURATION.

PAR MM. ***

LIMOGES ET ISLE

MARTIAL ARDANT FRÈRES, ÉDITEURS.

JUIN 1856

Le 16 juin 1856 a été un grand jour pour la ville de Limoges et pour les départements du Centre.

Louis XIV disait du haut de son trône : *Il n'y a plus de Pyrénées.* Nous pouvons nous écrier aujourd'hui de Limoges, aussi heureux, aussi fiers que le grand roi : *Il n'y a plus de montagnes devant nous.*

Nous les avons vues enfin s'abaisser et disparaître, entre Châteauroux et Limoges, du jour où nous avons vu passer, sur notre première voie de fer, les voyageurs et les marchandises !

Notre sol agreste, si longtemps condamné à l'oubli, nous a semblé tout-à-coup vivifié par ces longues files de wagons qui, oiseaux voyageurs de la terre, brisent l'air, dévorent l'espace, et sont destinés à répartir sur tous les points de notre contrée les avantages de la civilisation moderne.

Nos populations laborieuses ont salué avec joie l'apparition de ces nouveaux appareils de la vie des nations. A l'aspect de ces puissantes machines, inconnues chez nous, et qui portent dans leur foyer les leviers du présent et de l'avenir, elles ont compris qu'un nouveau monde était ouvert désormais aux départements du Centre.

Du Champ-de-Juillet, chacun a vu déjà apparaître Paris, Nantes, Lyon, etc., enfin toutes les grandes cités, tous les grands centres d'affaires, et chacun a remercié l'Empereur de l'immense appui qu'il a daigné donner naguère à l'exécution prompte de notre chemin de fer ; appui tel que, sans Sa Majesté, la ville de Limoges aurait eu bien long temps encore à attendre l'ouverture de son railway.

L'heure est venue de rappeler à nos concitoyens reconnaissants ce que le chemin de fer de Paris à Limoges a coûté d'efforts et de démarches avant d'aboutir jusqu'à nous.

LE CHEMIN DE FER
A LIMOGES.

1º HISTORIQUE (1).

Lorsque les chemins de fer n'étaient encore connus en France que par quelques tronçons incomplets, c'était sur les voies navigables que se dirigèrent d'abord les efforts des hommes qui se préoccupaient de l'avenir et des intérêts des populations du centre de la France.

Mais la question des chemins de fer survint brûlante, et les idées sous ce rapport avaient fait, depuis 1837, des progrès si considérables qu'un projet de loi fut présenté aux Chambres, au début de la session de 1841-1842, exposant la pensée gouvernementale sur les lignes principales qu'il fallait désormais exécuter.

La partie de la France comprise entre la Loire et les Pyrénées, les Alpes et l'Océan, était dotée de deux railways seulement : l'un sur Bordeaux, par Poitiers et Angoulême : le second sur Marseille, par Lyon et la vallée du Rhône.

Un espace de plus de 480 kilom., entre Lyon et Angoulême, était déshérité de ce moyen puissant de civilisation.

Cette situation menaçait Limoges et le Centre d'une manière redoutable. La part considérable que le trésor devait prendre aux travaux à exécuter allait absorber pour un temps indéfini toutes ses ressources ; nos populations en furent justement émues.

M. Pichault de La Martinière, un des premiers, comprit la possibilité de relever notre pays de cette déchéance, et il

---

(1) Extrait, en grande partie, du GUIDE DE L'ETRANGER A LIMOGES, vol. format Charpentier, *sous presse*.

signala dans les chaînes limousines, dirigées de l'est à l'ouest, une série de dépressions profondes, disposées symétriquement du nord au midi, et permettant ainsi, au moyen des petites vallées opposées qui y prennent naissance, de passer successivement de la vallée de l'Indre dans celle de la Creuse, de traverser ce bassin, celui de la Sème, celui de la Gartempe, ceux de la Vienne, de la Vézère, de la Dordogne, du Lot, et d'arriver sans obstacles sérieux à Cahors, Montauban et Toulouse.

Les grandes objections au programme se fondaient sur les reliefs abruptes des monts de la Gartempe, vers Laurière et Saint-Goussaud. « C'est là précisément, répondit M. de La
» Martinière, qu'est la solution. Entre les pics de Sauvagnac
» et de Saint-Goussaud se trouve, ajoutait-il, le col profond
» de Laurière, dont l'altitude ne peut dépasser que de peu de
» chose 450 mètres. Jusque là, en venant de Châteauroux,
» il n'y a pas d'entraves. La vallée de la Bouzanne, celle de
» la Gargilesse, d'une part, celle de la Sédelle, de l'autre,
» amènent jusqu'à La Souterraine avec des pentes moyennes
» admissibles. De La Souterraine on passe dans la Sème
» par le col de la Malhouse, près de Fromental. En regard
» de ce dernier point, vers la Gartempe, se présente le col
» de Lavaud, qui conduit aux rochers de Rocherolles, au
» confluent de l'Ardour. Là sera fait, à l'altitude de 300
» mètres environ, un viaduc assis sur des piles naturelles et
» rapprochées. A ce point débouche dans l'Ardour le Rivail-
» ler qui descend du col de Laurière. Le point culminant de
» ce col pourra être franchi avec un souterrain de 1,000 à
» 1,500 m. De ce point à Limoges, les terrains de La Jon-
» chère, d'Ambazac, de Beaune et de Rilhac n'offrent rien
» de rebelle au talent de nos ingénieurs. On peut dire que ce
» tracé est plus simple que celui de Paris à Dijon, où la cote

» culminante de passage atteint 497 mètres. Le point culmi-
» nant, sur la projection de Paris à Limoges, ne dépassera
» pas 400 mètres; partout les courbes auront au moins
» 1,000 mètres de rayon, et les pentes maximes ne dépasse-
» ront pas 6 millimètres. »

Cet exposé était fait devant M. Morizot, alors préfet. La vérification en fut faite par M. l'agent-voyer en chef Vignaud, et le problème parut dès lors résolu.

Aussitôt l'ancien comité de canalisation se constitua, à Limoges, en comité de chemin de fer, et M. le conseiller Fournier, l'un des vice-présidents, s'empressa d'indiquer les points principaux sur lesquels devaient porter les études d'une ligne de Paris à Toulouse (1).

Il fut décidé que les villes de Châteauroux, Tulle, Brive, Cahors, Montauban, Toulouse, seraient conviées à former dans leur sein des comités chargés d'étudier, pour leurs départements respectifs, les parties d'une ligne générale. On écrivit à Châteauroux, à Cahors, à Montauban, etc.

Pendant ce temps, le conseil municipal de Limoges votait une somme de 3,000 fr. pour les frais d'études préalables dans le département et au dehors, là où des subventions seraient nécessaires.

---

(1) Cette importante commission se composait des notabilités industrielles, commerciales, agricoles et administratives de notre pays : de MM. Bourdeau et Gay-Lussac, pairs de France; MM. Michel Chevalier, Pétiniaud-Juriol, Maurat-Ballange, Coralli, Tixier, de Peyramont, députés; et de MM. Alluaud aîné, E. Fournier, Mazard, maire de Limoges, président et vice-présidents; de MM. Ardant aîné, Armand Noualhier, Boudet aîné, Pichault de La Martinière, secrétaires des diverses commissions; de MM. le colonel Brousseaud, Emile Pouyat, Deluret de Feix, Sohet-Thibaut, Truol de Beaulieu, E. Laporte, Juge de Saint-Martin, J. Chapoulaud, Boucheron, François Pétiniaud-Champagnac, Louis Ardant, etc.

Plusieurs de ses membres ont laissé des travaux qui feront longtemps honneur à leurs auteurs comme à notre contrée.

M. l'agent-voyer en chef, de concert avec MM. les ingénieurs des ponts et chaussées, se chargeait des reconnaissances au nord de Limoges, vers Ambazac, Laurière et La Souterraine. M. Fayette, architecte de la ville, acceptait la mission d'explorer la petite Briance, le col de Salterre, près Masseré, et de descendre jusqu'à Brive par la Vézère et Uzerche, ou par la Loyne, en relevant tous les nivellements nécessaires.

Le résultat de ces travaux fut coordonné avec une promptitude admirable. En six semaines, Châteauroux, Montauban, Cahors, Brive, Tulle et Limoges avaient remis au comité central de la Haute-Vienne leurs études et avant-projets imprimés, avec les plans primordiaux. Tout le travail partait pour la commission de la Chambre des députés, entre les mains de laquelle il était déposé par les soins des députations des départemens intéressés.

C'est à l'aide de ces documents que l'honorable M. de Peyramont, d'abord dans la commission, puis à la tribune, put réfuter l'assertion d'*impossibilité* d'une ligne de Paris à Toulouse, par Limoges. Sa parole éloquente sut, dans la discussion qui s'ouvrit bientôt après au sein de la Chambre, triompher de la résistance du ministère et de la commission, et obtenir le concours de son honorable président, M. de Lamartine.

Soutenu par MM. Muret de Bort, Leyraud, Léon Talabot, Pétiniaud-Juriol, et les autres représentants de la Haute-Vienne, appuyé par beaucoup d'autres députés des départements intéressés à la question, ou ralliés par lui à la cause dans les discussions des bureaux et des conférences, M. de Peyramont prononça, dans la séance de mai 1842, ce magnifique discours qui emporta tous les suffrages même de ses adversaires, et fit inscrire dans la loi du 11 juin 1842 le projet du chemin de fer d'Orléans sur le centre de la France, subordonnant son prolongement à des études ultérieures.

Pour apprécier toute l'importance de cet immense succès que devait couronner un énergique appel à la France en faveur des populations du Centre, il faut se rappeler à quel point était accréditée et générale cette opinion, que toute continuation du chemin de fer sur Toulouse, par Limoges, était *impossible*.

Un premier projet de loi, présenté aux Chambres en 1838, l'avait pourtant compris au nombre des grandes lignes à établir en France, tout en exagérant les difficultés, et parlant de faîtes de 900 mètres à franchir. Mais le projet de 1842 l'omettait, et l'omettait à dessein, *comme impossible*. Il ne proposait même pas son premier tronçon si facile d'Orléans à Vierzon. Ce fut la commission qui proposa de classer ce tronçon, et d'allouer 12 millions pour son exécution. Mais au-delà, rien, pas même jusqu'à Châteauroux, à cause sans doute des prétendues *impossibilités* ultérieures.

Cette déclaration d'*impossibilité*, cet anathème lancé contre nos malheureux départements, avait été faite à la commission de la Chambre dans une note officiellement remise par le gouvernement, avec les cotes d'altitude et les chiffres de développement par lesquelles on prétendait la justifier.

Ce fut le savant rapporteur, M. Dufaure, qui, pressé par les arguments de nos députés et les documents produits par eux, et surtout par l'assentiment donné par M. Legrand, sous-secrétaire d'Etat des travaux publics, à l'amendement d'une ligne sur le Centre, sans en exclure le prolongement ultérieur sur Toulouse, même par Limoges, se décida à présenter cette note à la Chambre pour justifier la résistance de la commission à tout prolongement au-delà de Vierzon.

L'opinion de cette impossibilité était telle que deux des honorables députés de la Haute-Vienne et de l'Indre, qui, plus tard, en 1844, ont le plus contribué à faire classer notre chemin quand des études complètes en ont eu démontré la possibilité, n'osaient pas demander sa prolongation sur Limoges.

L'un d'eux, M. Léon Talabot, qui a si longtemps et si utilement représenté notre département, était si convaincu qu'un chemin de fer ne pouvait pénétrer à Limoges que par la vallée de la Vienne, qu'il se bornait à rapprocher de nous le chemin de Bordeaux, en lui faisant remonter cette vallée jusqu'à Confolens.

L'autre, M. Muret de Bort, à qui les intérêts de sa patrie d'adoption n'ont jamais fait oublier ceux de sa patrie d'origine, proposait de diriger ce chemin de Bordeaux par Vierzon et Châteauroux, ou les plateaux du Centre, sur Confolens et Angoulême.

Trois des honorables députés de la Haute-Vienne et de la Creuse eurent seuls alors une foi complète aux documents fournis et aux indications qui en résultaient. Ce furent MM. de Peyramont, Pétiniaud-Juriol et Leyraud. Ils demandèrent persévéramment le classement du chemin du Centre sans rien préjuger sur sa direction ultérieure, et sans exclure son prolongement de Limoges sur Toulouse. Par un amendement spécial, M. Leyraud le demanda par Châteauroux, Limoges et Périgueux.

La marche de cette discussion mémorable fut d'arrêter à Bourges le classement du chemin du Centre, que la commission demandait jusqu'à Clermont. C'est surtout à l'admirable discours de M. de Peyramont que fut dû ce temps d'arrêt qui subordonnait à des études comparatives le prolongement ultérieur de ce chemin.

Pour détruire les redoutables préventions qui s'étaient produites dans cette discussion contre ce prolongement par Limoges, il n'y avait pas une minute à perdre, pas une précaution à négliger.

De nouvelles explorations furent faites, et les divers points qui furent alors constatés, déterminèrent le tracé actuel, sauf que l'admission de pentes de 0,010 a permis de passer à Argenton.

Mais des découragements se produisirent dès la session de 1843. Un membre influent du conseil général de l'Indre, tout en reconnaissant que les études avaient prouvé la possibilité d'un chemin de fer direct de Toulouse par Limoges, manifestait la crainte que ce chemin ne trouvât pas de compagnie pour l'exécuter, et que l'exécution ne s'en trouvât ainsi forcément ajournée. Il proposait en conséquence de demander au gouvernement l'étude du chemin de Vierzon à Bordeaux par Angoulême, se rapprochant le plus possible de Limoges.

M. le préfet de la Haute-Vienne fut invité à soumettre cette même proposition à son conseil général; un article destiné à être inséré dans l'*Ordre* fut adressé à M. Fournier.

M. le préfet comprit, comme M. Fournier, que cette résurrection du projet de la *Presse*, repoussé formellement par la Chambre, ne pouvait avoir aucune chance de succès; qu'après le vote du chemin direct sur Bordeaux, par Tours et Poitiers, l'étude d'un chemin sur Bordeaux par Vierzon n'était pas proposable; que, le fût-elle, nous ne pouvions pas nous y rallier, aujourd'hui que la possibilité d'une ligne directe sur Toulouse par Limoges était constatée par des études officielles. L'opinion de notre ville fut du reste unanime sur cette très grave question.

Nous ne mentionnons ici que pour mémoire, et pour ne rien omettre, les études de M. Colomès de Jullian, qui, après avoir passé la Creuse à Crozant, venait par la Sedelle à la vallée du Taurion, dont il descendait les plateaux supérieurs jusque vers Saint-Priest-Taurion, à 6 kilomètres de Limoges ; de là il remontait par la Vienne et la Combade au col de Domps, entre cette rivière et la Vézère, traversant trois départements sans toucher même à un seul bourg de quelque importance. On comprend que ce tracé, quelle que pût être sa valeur au point de vue de l'art, ne pouvait être accepté.

En même temps que les études du tracé s'exécutaient, le gouvernement faisait recueillir par un inspecteur spécial, M. Jahan, les éléments de circulation de la ligne projetée. Ils furent demandés à M. Fournier, qui s'empressa de les fournir.

A mesure que ces études se complétaient, une polémique animée s'établissait entre les départements intéressés aux divers prolongements du chemin du Centre.

Nous touchions au moment où la grave question de ces prolongements allait se résoudre définitivement.

Grâce aux efforts persévérants des hommes qui s'étaient spécialement consacrés à la défense de ce grand intérêt, et de toutes les personnes influentes qui l'avaient soutenu en toute occasion avec eux ; grâce surtout aux résultats des études officielles qui étaient venues confirmer leurs indications, la vérité s'était enfin fait jour, et son éclat avait dissipé les préventions inspirées au gouvernement par des aperçus superficiels, incomplets, et, par suite, inexacts.

Le projet de loi présenté aux Chambres, le 29 février 1844, proposait enfin le prolongement du chemin de fer du Centre, d'une part, *de Vierzon sur Châteauroux et Limoges*, de l'autre de Bourges sur Clermont, et l'allocation de 7,800,000 fr. sur la partie comprise entre Vierzon et Châteauroux.

Adopté par la commission, il le fut ensuite presque sans discussion par la Chambre des députés, sur le rapport de M. Lanyer.

Nous devions nous croire déjà en possession de ce magnifique résultat de tant d'efforts, lorsque nous fûmes informés par l'un des nobles pairs, **M. Bourdeau**, et par nos honorables députés, que le projet de loi rencontrait dans la haute Chambre une redoutable opposition.

M. Mazard, alors maire de Limoges, et qui, depuis l'origine des travaux accomplis dans le pays pour le doter de voies navigables et plus tard de chemins de fer, y avait constamment donné le concours le plus actif et le plus éclairé, réunit d'urgence le conseil municipal, et proposa l'envoi de délégués pour défendre ce grand intérêt si inopinément menacé. Il fut désigné avec M. Fournier pour remplir cette importante mission. M. Louis Ardant fut délégué par la chambre consultative.

Cette délégation trouva dans M. Bourdeau et tous les députés des départements intéressés la coopération la plus efficace. Exactement informée de toutes les difficultés, renseignée sur tous les obstacles et sur tous les appuis dans la Chambre et hors de la Chambre, elle put agir opportunément et utilement partout. Le plus éclatant succès courouna ses efforts : le projet de loi fut adopté, le 26 juillet, à la majorité de 69 voix contre 25.

L'esprit de justice dont le gouvernement avait fait preuve semblait devoir nous garantir sa continuation dans les allocations ultérieures. Il fallut encore pourtant à nos députés et à notre administration bien des luttes pour que l'équilibre ne fût pas constamment rompu par les influences toujours croissantes de la ligne de Clermont.

Il semblait cependant que l'on tînt à ajourner le plus possible la continuation de ce chemin de fer au-delà de Châteauroux. Les préventions aveugles qui l'avaient jusqu'alors repoussé comme impossible matériellement, cherchaient à le repousser désormais comme impossible financièrement. On élevait jusqu'à 400,000 fr. la dépense d'exécution par kilomètre !... Un article du journal la *Presse*, du 20 juillet 1845, en réclamant cette continuation, abordait cette objection en ces termes : « Fallût-il 400,000 fr. par kilomètre pour » satisfaire ce vœu, etc., ce ne serait pas une raison pour » le différer. » Il ajoutait qu'en donnant une plus grande latitude aux ingénieurs, cette somme serait de beaucoup réduite.

Cette objection se reproduisait à Paris avec une telle persistance que M. Léon Talabot, très spécial pour en apprécier la valeur, fut invité à voir par lui-même l'assiette du chemin.

Quand il l'eut vu, M. Talabot se chargea de réfuter l'argument dès qu'il serait de retour à Paris.

Dans une réunion présidée par le ministre des travaux publics, où s'agitait la question de ce prolongement, l'objection se reproduisit. On portait de 60 à 80 millions la dépense entre Châteauroux et Limoges. C'était l'opinion officielle d'hommes éminents qui prétendaient connaître le pays, et qui, selon l'heureuse et hardie expression d'un jeune ingénieur, ne l'avaient vu qu'en chaise de poste, de sept heures du soir à sept heures du matin.

M. Talabot, pour toute réponse, remit à M. Dumon sa soumission de l'exécuter pour 40 millions, en déclarant qu'il en gagnerait au moins huit.

Une opinion ainsi formulée par un homme aussi compétent, après avoir suivi le tracé pas à pas, enleva la question, et dès ce jour, dans l'opinion de M. Dumon, la continuation fut décidée.

Malheureusement d'autres difficultés étaient encore réservées à notre malencontreux chemin.

La Révolution de Février lui trouva un tort grave, celui d'avoir été obtenu par des hommes qui lui étaient peu sympathiques : M. de Peyramont, M. E. Teysserenc (1), qu'elle destituait, M. Muret de Bort dont elle commença à piller les propriétés en Limousin. Jamais son existence ne fut plus sérieusement remise en question.

Il eût certainement été sacrifié si l'existence de nos ouvriers sans travail n'eût tenu à sa continuation. Ce motif, puissamment présenté par les hommes que cette révolution avait mis à la tête de l'administration du pays et appelés à le représenter, détermina l'allocation des fonds nécessaires. De longues étendues de terrassements furent exécutées ; si bien que, lorsque, plus tard, un ministre des travaux publics demandait un rapport sur l'état de ce chemin qu'il voulait abandonner, en marge du chiffre 74,000 mètres de terrassements exécutés sur 134,000, il mit au crayon : *On ne peut plus songer à abandonner ce chemin* et de nouvelles allocations furent accor-

(1) M. E. Teysserenc, notre compatriote, a publié de remarquables articles dans le journal la *Presse* sur notre chemin de fer.

dées sur la demande de MM. Bardinet, Lézaud et Nassans, membres délégués du conseil municipal.

Une nouvelle délégation devint nécessaire en 1851. M. Louis Ardant, alors maire, fut informé, par lettre du 27 février, que la compagnie du chemin de fer du Centre offrait, moyennant la concession du chemin de Moulins à Roanne, d'achever et d'exploiter le chemin de Vierzon à Clermont, et celui de Châteauroux à Argenton.

Le conseil municipal chargea MM. Jouhanneaud, premier adjoint, et Fournier, d'aller solliciter une plus forte allocation que celle proposée au budget, afin de faire étendre l'engagement de la compagnie à toute la ligne de Limoges. Malgré les bonnes dispositions du ministre, M. Magne, les ressources disponibles ne le permirent pas, et une concession à la compagnie de Lyon, qui froissait les intérêts de celle du Centre, fit échouer la négociation qui allait concéder à forfait à celle-ci la ligne de Limoges, dans des conditions qu'elle avait paru trouver avantageuses.

Un an devait s'écouler encore avant qu'elle revînt à prendre cet engagement. Mais, en mars 1852, une députation nombreuse fut réunie à Paris par M. Louis Ardant, maire de Limoges.

Elle trouva près de M. Eugène Bataille, l'honorable ex-député de notre département, et près de MM. Michel et Auguste Chevalier, Arthur de Laguéronnière, Sallandrouze de La Mornais, etc., des appuis considérables; il lui fut facile d'exposer à S. M. Napoléon III toute l'importance que les départements du Centre attachaient à l'ouverture prochaine du chemin de fer jusqu'à Limoges.

Nous regrettons de ne pas pouvoir publier ici la liste de tous ceux qui, à l'appel de la ville de Limoges, n'hésitèrent pas à se rendre à Paris pour le triomphe d'une cause qui intéressait notre contrée au premier chef.

S. M. Napoléon III accueillit les représentants de la Haute-Vienne, de la Creuse, de la Dordogne et de la Corrèze avec la plus grande bienveillance. Elle s'informa de la situation de nos populations ouvrières et de nos diverses industries avec la plus vive sollicitude, et, en la quittant, chacun emporta l'espérance que toutes les difficultés allaient s'aplanir sous l'intelligente et puissante volonté de Sa Majesté.

Cette confiance ne fut pas trompée. Quelques jours après, un décret inséré au Moniteur comprenait le chemin de fer jusqu'à Limoges dans une concession que l'Empereur faisait à la compagnie d'Orléans. Grâces donc à la justice éclairée de S. M., nos departements, si longtemps déshérités, recueillent enfin le fruit de leurs persévérantes réclamations.

Il nous reste à dire que les études, commencées par M. Pihet, furent terminées par MM. de Leffe et Carvalho, ingénieurs ordinaires.

Leur tracé, développé successivement dans les vallées de la Bouzanne, de la Creuse, de Celon, de Saint-Sébastien, de la Sédelle, de la Sème, de la Gartempe, de l'Ardour, du Rivailler, de Lacour, du Beureix et de la Vienne, se dessine par les stations suivantes entre Châteauroux et Limoges : *Châteauroux, Luan, Lothiers, Chabènes, Argenton, Celon, Eguzon, Saint-Sébastien, Forgevieille, La Souterraine, Fromental, Bersac, Laurière, La Jonchère, Ambazac, Limoges.*

L'exécution de ce tracé a nécessité de grands travaux, surtout dans la partie qui traverse la Haute-Vienne, à travers les montagnes du Limousin. Les terrassements y ont été considérables. On y rencontre souvent des tranchées de

20 mètres de hauteur, et des remblais qui atteignent jusqu'à 30 et 40 mètres.

Les principaux ouvrages d'art sont :

1º Souterrain des Petites-Roches, longueur 1,000 mètres ;

2º Viaduc de la Bouzanne, hauteur 38 mètres, soutenu par treize arches de 16 mètres d'ouverture ;

3º Tunnel de Sainte-Séraphie, près La Souterraine, longueur 700 mètres ;

4º Viaduc de la Gartempe, à Rocherolles, hauteur 53 mètres : deux rangs d'arcades, dont quatre en bas et huit en haut de 15 mètres d'ouverture ;

5º Tunnel du Combeau, longueur 230 mètres ;

6º Tunnel de Laurière, longueur 800 mètres ;

7º Premier tunnel de Noailhac, longueur 80 mètres ;

8º Second tunnel de Noailhac, longueur 80 mètres.

Ces deux tunnels sont séparés par une tranchée à ciel ouvert de 400 m. de long sur une profondeur de 20 mètres. La roche dans laquelle ce passage a été ouvert est dans le granite.

9º Viaduc du Palais, à six kilomètres de Limoges, d'une hauteur de 40 mètres, formé de six arches de 15 mètres d'ouverture.

Le débarcadère est établi à Limoges, entre le Champ-de-Juillet et la place Tourny.

MM. les ingénieurs qui ont concouru à l'exécution de ces immenses travaux d'art sont MM. Borel, de Leffe et Planchat. Les uns et les autres ont le droit d'être fiers du concours qu'ils ont donné à ces créations modernes que les populations de la Haute-Vienne comme les étrangers vont chaque jour admirer.

Cette œuvre magistrale, obtenue après de longues années de luttes diverses, contre des obstacles de toutes sortes, assure à Limoges la conservation de la suprématie que plusieurs siècles de pratique intelligente et loyale des affaires commerciales et industrielles lui avait acquise dans nos provinces du Centre.

Mais ce n'est là qu'une première branche de ce réseau fécond dont le comité a adopté le plan. La deuxième branche, celle d'Agen, vient d'être concédée ; les autres sont à l'étude. Dans un temps prochain, celle d'Angoulême, avec ses embranchements sur Clermont-Lyon et sur Moulins-Dijon-Bâle (1) ; celle de Bellac-Saumur-Nantes, mettront Limoges en relations rapides quant aux personnes et aux choses, plus rapides encore quant à la pensée, avec toutes les parties de la France et du monde.

Dotée de ces merveilleuses facilités inconnues à nos pères, notre antique cité pourra conserver ses nombreuses industries et sa prépondérance commerciale.

---

1) Un tracé de Limoges à Montluçon, étudié dès 1846, par l'infatigable M. Pichault de La Martinière, et résumé sur un plan de l'état-major, est depuis 1847 entre les mains de M. Sallandrouze de La Mornaix, député et membre du conseil général de la Creuse.

2º INAUGURATION DU CHEMIN DE FER, LE 16 JUIN 1856.
— BAL. — QUÊTE. — SECOURS.

La reconnaissance est un devoir. Ce sentiment a été compris à Limoges (1).

Un grand nombre de nos concitoyens n'ont pas voulu voir seulement dans le jour de l'inauguration du chemin de fer jusqu'à Limoges un fait ordinaire ; ils ont pensé qu'après tant d'efforts tentés, tant de difficultés traversées, et le jour de l'inauguration si impatiemment attendu et enfin arrivé, il fallait manifester que nous n'étions pas oublieux des services rendus.

Un bal brillant, véritable fête de famille, a été, sous ces impressions, improvisé à Limoges, par voie de souscriptions individuelles, et il a eu lieu avec éclat dans les salons de la Société Philharmonique, le 16 juin 1856.

Une quête au profit des victimes des inondations a précédé l'ouverture de la fête. Elle a produit environ 700 francs.

Le même jour, la compagnie du chemin de fer du Centre faisait distribuer aux pauvres de la Haute-Vienne une somme de 6,000 francs.

---

(1) Tous, nous aurions salué avec bonheur la présence de l'Empereur dans notre antique cité, et tous nous avons regretté que Sa Majesté n'ait pas pu répondre aux vives prières que M. le préfet de la Haute-Vienne et M. le maire de Limoges s'étaient empressés de lui faire au nom de nos populations.

Isle. — Typ. Martial Ardant frères.

www.ingramcontent.com/pod-product-compliance
Lightning Source LLC
Chambersburg PA
CBHW060552050426
42451CB00011B/1862